JN408768

아버지와
함마슐드

아버지와 함마슐드

정남순 시집

해암

| 시인의 말 |

한 시대는 그 시대가 앓는 아픔이 있다.

그러하듯 개인도 인생의 소절마다 갖는 통증이 있으리라. 여리고 예민한 아이는 많은 형제들 속에서 성적표를 받는 날이면 다다미방 벽장에 숨어있다 잠들기도 했다.

점점 자라며 그림을 그리고 글을 쓰기 시작하자 주위의 관심과 칭찬 속에 그 열등감은 사라졌다.

시는 기쁨이고 위안이었다.

나의 젊은 날은 그 보상을 받아야 한다는 아픔 때문인지 마디마다 욕심으로 아팠다. 성취도 제어도 어려운 맹랑한 욕망이었다. 정신의 역마살이 시의 곳곳에서 묻어났고 나는 고단한 여행자였다.

자연과 사람들은 모두 한 개씩의 뜻글자였다. 그들의 면모들이 나에게 양약이 되었고 가끔은 약효가 뛰어나 내 안에 존재하게 될 디딤돌이 되기도 했다.

덧없어도 인생은 아름답고 나는 끊임없이 시를 쓰고 사랑을 노래한다.

지난 2020년 여덟 번째 시집 출간 후 다시 묶어『아버지와 함마슐드』아홉 번째 시집을 출간한다. 내 마음속의 풍경, 아버지가 보고 싶다.

이 시집을 있게 한 수많은 풍경과 모두 한 개씩의 뜻글자였던 그리운 사람들에게 감사의 마음을 전한다.

2024년 가을 **정 남 순**

| 차례 |

1부

곶감이 되어 왔다 13
태풍 마이삭 14
해국 15
평양으로 가는 기차 16
언양읍성 18
독구 20
게이샤가 된 나무 22
가덕도 일기 23
소태마을 26
거제도 가는 길 28
아, 항구 부산 29
흑백 사진 30

2부

함아무개 35
그 섬에 와서 36
장미의 태양 37
나는 알프스에 간다 38
장황사지에서 40
해의 왕관 42
왕의 울음을 듣다 44
후투티 46
밀양댐 망향비 앞에서 47
청사포 48
유년의 바다 50
프로포즈 등대 52
진동 가는 길 54

| 차례 |

3 부

꽃의 이름은 57
법기 수원지 58
해운대, 달빛에 젖다 60
흐르는 것에게 62
교회당 뒷뜰의 기적 64
금정산의 가을 65
자랑스런 신항에 와서 66
부산항 국제여객터미널 68
남항 70
황매산 연가 72
그 섬의 참나리꽃 74
가슴에 피운 소금꽃 75
신라의 달밤 76
대나무 군락의 명상 77

4부

섬진강 택배	81
왕이 달리던 길	82
시마바라 평성신산	84
왜성이라는 그말	86
시의 신, 아폴론에게	88
하늘의 경계에 구도를 잡다	90
송도를 걷다	92
고산 윤선도를 그리며	94
은빛 명암을 넣는 밤	96
무명도공추모비	98
내 모습에 눈이 부시다	100
후리소리	102

| 차례 |

5부

코스모스 핀 간땅꾸 105

만화리를 지나며 106

쇠목재에서 108

수련을 만나 110

송도 해상케이블카 112

소반의 솔 그림자 113

나가사키의 들국화 114

칸타빌레 116

서귀포 외돌개 118

서귀포 정방폭포 119

겨울, 나무로 서다 120

보문호수 갑옷을 입다 122

해설 김경복 (장소의 혼으로 피어나는 시적 정취) 125

제1부

곶감이 되어 왔다

미색의 작은 꽃이 왕관을 닮았다
감나무 한 그루 없는 마당에 앉아
사철 푸르기만 한 향나무가
어쩌면 감나무가 될까
생각에 잠긴 어린시절이 있었다

감나무 가지 사이 파란 하늘
머리 맞댄 주홍빛 단 바람
옹이 박힌 나무의 단풍은 노을로 머물다 가고
깨문 감 씨 속에 하얀 숟가락
어머니, 어머니를 부르며 자라는
긴 안내의 시간
울고 불던 떫은 세월은
분 피운 결이 되어 찾아 왔다

태양 빛에 바람 한 줄
빨간 불에 풋감의 앳된 수줍음도 있어라
하동군 악양면 대봉 곶감

태풍 마이삭

80여척이 묶인 강구항도
선박을 안고 신음한다
간밤 아파트 옥상의 물탱크 쇠뚜껑이 날아가
승용차는 종이처럼 구겨졌다
밤새 우직우직 나무들의 뼈 부서지는 소리
높은 해일이 지나간 펜션의 담벼락
담쟁이는 간물이 배어
철 이른 낙엽으로 늙어버렸다
산비탈 생살의 흰 눈물이
엎어진 옆 가지에 스미고 있다

거친 발길질도 멈춰 풀린 바다 한쪽
등대를 껴안고 뒹굴다
하얗게 뭉쳐 지나가버린 마이삭이
아픈 그림을 남겼다
울다 울음 그친 남자의 헝클어진 얼굴
정신없이 날은 밝아
우두커니 말없이
가덕도가 바다에 앉는다

해국

암벽을 타고 내리며 내가 가야할 곳은
아슬아슬 날아온 흙에도 몸을 누이고
어디에서 온 보랏빛인지
번져 피는 꽃 뿌리가 바다를 향한다

해마다 보고 싶다 약속하지만
그 자리 그대로 수 백 번을 피었다 지는,
해풍 속에 침침히 눈 어두워도
부벼서도 보아야 할 사랑이라면
더듬어 나 홀로 이 언덕에 서리

평양으로 가는 기차

평양 가는 기차를 어디서 타나요
국제시장 오가는 사람들을 붙잡고 묻는다.
'옥연아 평양 가는 기차 어디가면 타냐'
딸에게도 묻는 고향이 그리워 병이 된 아버지

5층 건물도 하나 가진 실향민 부자라 불리던
이북사람
서슬 퍼런 군사정권 시절
경찰서에 몇 번을 잡혀갔다 와도
평양 가는 기차만 찾은 하루
평양냉면을 꼭 피양냉면이라 부르던 친구 아버지

마지막 기억 속에 남아있는 고향산천
국제시장을 헤매며 평양 가는 기차를
묻고 다닌 막바지의 시간
치매로 그 아버지는 돌아가셨다

평양 가는 기차도 타지 못한 채
국제시장 잡화골목
노제를 지내던 그곳을 지나며
슬픈 기적소리를 듣는다

언양읍성

벼가 익어가는 들녘에 아직 초록빛으로
술렁술렁 바람이 부는 읍성
젊은 남녀가 손을 잡고 산책로를 가고 있다

적색기둥 영화루는 구름단청에 연화도장을 찍은 듯
석가래를 마감하고 있다
뭉게구름이 높은 기둥을 넘나들고
화장산 도화꽃 연지못에 비치고 싶은 추억이
동헌 객사 발굴조사 가림막 안으로
걸어간다

까맣게 그을린 주춧돌
읍성의 함락에 돌부리까지 타들던 아픔
삐거덕거리는 그 큰 돌을 싣고 나르며
대를 이어 쌓았을 언양읍성
서문 앞을 흐르는 수로 아래
성돌 사이를 채우던 잔돌들이
영화루에 함께 가자 손을 내민다

푸른 들판 날개 편 백로의 평화
후투티도 낮게 날다 가버리는 인디언 추장의 벼슬
신불산 간월산을 바라보며
화장산에 꽃놀이 갔을 백성들의 노랫소리

거칠게 다듬어 쌓은 성벽을 만지다 쓰다듬다
불현듯 그리운 부르튼 손
누군가 몇 백 년 암호 같은 표시 있지나 않을까
몇 번을 오가며 성돌을 바라본다

독구

취약 버무린 쥐밥을 먹고 결국 독구가 죽었다
쌀뜨물을 먹이고 새벽부터 야단났던 우리집
학교에서 돌아오는 길에 김상이 지고 가는 바지게 위로
나는 독구의 발을 보았다

이층으로 올라가 책가방을 팽개치고 얼마나 울었는지
어머니는 그 후 다시는 개를 키우지 않으셨다

옛날 개의 이름은 모두 독구 아니면 메리였다
일본식 발음이 남아 Dog가 독구가 된 것도
중학교에 들어가 알게 되었다

앞집 진돗개는 귀가 쫑긋하고 가끔 움직이기까지 하여
무언가 생각하는 듯 했다
아이들이 모여 귀가 서야 영리한 개라 말했다
우리 독구의 처진 귀를 올려 잡고
한나절을 있었던 때도 있었고
그 귀를 잡고 울기까지 했던
안타까운 어린 추억이 있었다

큰 덩치에 애교도 많고 귀가 서지 않는 리트리버
착하고 순하기까지 한 천사견의 목을 끌어안고
그렇게 좋아
숨넘어가던 독구가 생각났다

온갖 이름을 갖고 온천천변에 산책 나온
크고 작은 독구들
'여러분은 모두 독구다 진화된 이름을 갖고 있지만'
독구 독구
모두 나를 돌아보았다

게이샤가 된 나무

한 맺힌 돌들이 서로 머리를 맞대고 성이 되었다

높은 언덕의 그림 같은 구도 속에
쥘부채를 든 게이샤가 된 나무
흰 화장은 지워졌지만
또각또각 게다 소리가 들리는 듯하다

일본장수 구로다는 죽성항을 바라보며
영원히 이곳에 살고 싶었는지 모른다

무너지고 이어지고 한 무더기 성돌 위에
아리따운 나무 한 그루
드러난 가지에 잎도 버리고
춤사위가 된 이별의 몸짓
기장 죽성리 왜성
또각또각 성 위를 걷고 있다

가덕도 일기

계단을 내려오며 알 수 없는 슬픔에
목이 아팠다
낮은 담 사이 풀꽃은 너무 작아 얼굴을 알 수 없고
흐린 바다의 해무는 서서히
산을 감아 오르고 있었다
컨테이너선 몇 척 더딘 바다 위의 발걸음
아, 회색은 무채색으로
확실한 너를 두지 않는구나
오가며 바라보는 풍경도
우울에 시달리며 바랜 자국을 남기고
산을 불러 실한 칡넝쿨 하나 잡아
바다를 묶고 있다

바다를 차고 나르는 유희
허위허위 바닷새의 자유
점점 가까워지는 육지

안압지의 야경

해가 뜨면 사라질 옛이
왁자한 사람 속에서
날아갈 듯 누각의 깃을 세운다
소나무 붉은 가지 솔잎조차
부채꼴 꽃이 되고
호안변을 물들이는 밤의 향연이
왕이여
많고 많은 연꽃 중 물위에 누워 잠자는
수련을 좋아했다는 왕이여
오늘밤 주령구 던져 신라의 밤
그 풍류를 즐겨볼까요
하늘엔 야경에 밀려난 수줍은 달이
노래 없이 덩실덩실 춤 출 왕의
벌칙을 기다립니다
벅찬 세상 밖의 웃음소리

언덕 위 월성 궁터도 잠이 들고
나 홀로 왕이 되어 연못을 바라보는 마음
아, 나의 백성은 평안한가
죽을 것만 같은 옛을 앓는 불야성

소태마을

차창 밖으로 봄비가 내리고
들판은 아치로 굽은 비닐하우스의 뽀얀 입김
둘러싸인 운무에 몸을 풀며
깨어나고 있는 마을

포푸라나무의 긴 행렬
그 사열 속으로 들어가며
환호가 봄을 맞는 소리

불처럼 일어나 헤매는 마음
산천은 젖으며 나를 식히고
쓰디쓴 소태맛에 젖을 떼는 아가야
층층을 이루는 저 산의 소태나무
쓴맛의 고향이 여기였을까

물풀리는 저수지
물살은 밀려왔다 밀려가고
남새밭에 남은 봄동의 묵은 숨소리
끊어질 듯 내리는 봄비는
옷을 말리며 적시며 내리고 있다

거제도 가는 길

깨물고 싶은 봄산에는
고물고물 연두색이
제 키만큼 몽글거리고
아기의 젖니 같은 흰 바위
조금씩 보여
편안하고 그리운 어머니 무릎

터널의 아롱지는 불빛에
보이는 공주섬
소복이 솟아오른 소나무
물새의 푸른 날개
그 예쁘게 빗은 머리
곧 만날 풍경입니다

아, 항구 부산

레강평그룹의 '레게 강 같은 평화'가
약박 리듬에 강한 악센트로 무대를 휩쓸고 있다
부산항대교는 색색의 불빛을 따라
현을 세워 삼각형 하프로 서투른 '레게'를 따라 한다
오늘밤 항구는 황홀하다
부산항 개항 143년
젊은 연인들의 포옹도 싱그러운
부산항국제여객터미널 광장의 풍경은
풍선을 놓치고 둥둥 떠가는 밤하늘을 보며 서럽게
우는 아이
발을 구르며 즐거운 청춘들의 숨가쁜 락의 리듬
정박한 크루즈에 드리운 항구의 불빛
축제의 날
칠흑의 하늘에 쾅쾅거리며 터지는 불꽃의
목젖 싸한 아릿함이
안으로 박힌 굳은살 시원히 깨고 있다
하나 둘 셋 한순간 저렇게 꽃피울 수 있다면
아, 항구 부산
부국의 해양이 밤하늘에 꽃피고 있다

흑백 사진

측백나무 아래 단정한 교복과 교모
열서너 살
흑백 사진 속에 학생이나 선생이나
앳되고 어엿한 모습이다
초임지 발령받은 학교에서
그날, 수줍게 이 사진을 찍게 되었는지

그리운 우리 선생님
60 넘은 제자의 애틋한 문자가 카톡으로 떠서
울컥 목이 메어 잠깐 의자에 앉았다

초록으로 물든 튼실한 배추가 줄지어 끝이 없고
닭이 모이를 쪼아 종종 다니는 뒤뜰
마당가 승용차 두어 대
감이 익어 걸린 푸른 하늘
가마솥 불앞에 앉아
타닥타닥 장작 타는 소리 나도 듣고 싶다

젖은 신문지를 찢어 붙이고
종이가 마르면 색을 입혀
꽃병을 만들던 미술시간

누렇게 벼가 익어가는 들판에 서서
나를 바라보는 초로의 모습은
밀짚모자를 쓰고 먼 추억 속에 있다

제 2 부

함아무개

아버지 유엔 사무총장 이름이 뭐지요
세상에 모르는 것이 없는 아버지께 물었다
오늘처럼 봄비가 내리고
따뜻한 온돌방에 신문을 든 아버지와
숙제를 하는 막내딸

일장기가 선명한 비행기를 닦고
사꾸라가 찍힌 과자봉지를 받았다는
아버지의 학창시절
혀 짧은 일어와 굴러가는 영어를 배웠을
아버지의 발음은 오랫동안
우유도 미루꾸였다

함, 함아무개
하늘같은 아버지의 말을 받아 적고
공책을 덮었다
그는 스웨덴 출신 '다그 함마슐드' 사무총장이었다
입속에서 맴돌았을 아버지의 영어
영원히 잊히지 않는 이름 '함아무개'

그 섬에 와서

마주보며 우리 함께 숨을
거둬버릴까
검은 상복을 입은 까마귀가
물새에게 한 말이다

푸른 종이를 베는 배 한 척
포말은 흰 선을 그으며 가위질이다
늘 찾아와도 입혀 보내지 못한 푸른 치마
곧 바람이 불면 주름잡아 박음질하리

산산이 깨어진 조개 무덤이
뼛가루를 찧어 날리는 바다
깨어날 줄 모르는 바다를 두고
누굴 저렇게 부르는 것일까
하얀 가슴 털에 숨은 사랑
까마귀와 물새가 화답하며 곡하는
바다의 땅 명선도

장미의 태양

고유한 시간이 서서히 내려앉고 있다
손 받혀 보내는 태양을 감싼 노을을
가위로 싹둑싹둑 자른다
검붉은 핏방울이 뚝뚝 떨어져
서쪽 바다를 적신다
나는 용기를 내 한 걸음씩 신에게 다가가
너를 인계한다
심장에 새긴 사랑은 차츰 핏물이 빠져
흔들리고 희미하다
그 말랑말랑해진 심장이
마음을 울리는 순간
젊은 날의 초상 같은 장미는
마셔도 마셔도 취하지 않는 술이 되었다
꿈꾸는데 바빴던 영혼의 나들이
돌아오라
쓸쓸한 바람이 마구 불어
장미가 핀다
장미가 진다

나는 알프스에 간다

진눈깨비가 흩날리는 알프스 봉우리
미텐발트 높은 교회 첨탑 뒤로
바이올린 모형 걸린 작은 집이 보인다

카르벤델산 기슭 듬성한 나무 아래
삼각을 그리며 오르는 등산로
침엽수는 거룩히 산을 받들고
손가락이 길어 슬픈 가문비나무
울림판이 울어 더욱 아름다운 선율

푸른 눈의 소년과 금발의 여행객도
허연 돌을 밟고
옷을 벗어 머리를 가리며 웃고 선 풍경

그때 두고 와야 할 알프스 닮은 돌 하나
10년을 문갑 위에 수석으로 살았구나

'나는 그 영봉이 그립다'
지금도 물을 주면 푸르게 살아나는 이끼
그래, 살아서 돌아가야지
알프스의 속삭임
적막한 무채색 위로 날리는 진눈깨비

장황사지에서

8월, 짙은 초록의 토함산 동녘 중턱
구전조차 없어 이름도 없이 남은 절터
장황리를 따서 장황사지다

동해를 가다 만난 도로 건너 하얗게
사람처럼 서서 손을 흔드는 석탑
금강터에는 불상좌대만 남아
손 모으고 빌던 엎드린 발 아래
쪼개져 사라졌던 불상은
몇 번의 복원수리를 거쳐
국립경주박물관 시멘트좌대에 앉아있다

연꽃을 밟고 서있는 손에 무구를 쥔 금강역사상
권법의 자세를 취하고 있다
아, 호국사찰의 외로운 절터에서
금강역사만이 나라를 지키고
계곡에 떨어져 목숨을 다하다 수습되어

옥개석만 쌓아올린 아픈 동탑 옆
서탑은 귀퉁이를 치켜 올리며
빙긋이 웃고 있다

장향교 물살 아래 흔들리는 초록 숲
따라오다 멈칫 선 눈부신 석탑 둘

해의 왕관

– 태종대 1

절벽 여기 저기
언젠가 봄에는 주황색 원추리 꽃을 보았는데

거친 바위는 울창한 숲에 언듯 언듯 가려
그 발뿌리를 담그고

사람이여 그대를 안고 있는 어머니를 보아라
어머니의 눈물이 전망대 모자상으로 앉아
세상이 괴로운 사람들 옷자락을 잡고 있다
그봄
자살바위 아래에도 원추리 꽃이 피어 있었다

신입생 환영회
몽돌밭에 앉아 밀려오는 파도를 보며
먼 나라로 가보자고 말하며 우정을 다지던 친구
책을 끼고 수줍게 웃으며 찍은
사진 한 장이 남아 있다

잊었던 그리움이 풀리며
태종대 숲은 부챗살 빛을 만들어
해의 왕관을 쓰고 있다

올 봄 원추리 꽃이 피면 다시오리

왕의 울음을 듣다

– 신라 제52대 효공왕릉

경주 남산의 동쪽 야산을 걸어 내려왔다
굽고 틀어진 소나무들이 하늘을 가리고
왕릉은 이 산을 의지하고 있었다

견훤과 궁예에게 많은 성을 빼앗기고
연이은 실정으로 왕실의 권위마저 잃은
26세로 승하한 한 많은 왕이 잠든 왕릉

일식이 일어나고
여름에 서리가 내리고
별이 비처럼 떨어졌다는 그날 밤도
왕의 심사에 깃드는 신라 멸망의 예감

놀라서 바라보는 초록 초록의 능에서
뒹굴어 털고 싶은 세상의 아픔
사라져라 왕의 목소리
한 점 바람도 떠나지 못하고 돌고 있은 능 앞에서
월명사의 도솔가가 들리는 듯
하늘에 날리는 흰 명주수건

대나무 숲은 누렇게 고사하여
더욱 그날 같은 슬픔이 드러난 둘레석을 돌아
백성의 안부를 묻는데
흔적 없는 사자사 북쪽에서 혈육 없이 홀로 가는
왕의 울음소리
흰옷 입은 문무백관의 긴 행렬
아린 눈에 물드는 초록

후투티

강바람에 서걱일 듯 아픈 발바닥
공원 잔디밭에서
긴 부리로 흙을 찍어 땅강아지를 찾고 있다
언젠가
새 박사 윤무부 교수가 명함에 넣어 사랑하던 새
머리의 긴 볏을 접었다 펼쳤다
인디언 추장 새의 황홀한 자유를 본다.
긴 꽁지 희고 검은 대비가
색지 찢어 만든 공작시간
그 동심의 새
가을 볕 속을 아장인다

훗훗 울음소리
활짝 펼치는 쥘부채
드문드문 소나무가 서 있는 개활지
짝을 따라 나는 아름다운 비행
새야 새야
순식간에 사라진 하늘에 남은
화려한 날개

밀양댐 망향비 앞에서

여기 앉아 묵묵부답 그 낯빛만 보이는 고야천
말 할 듯한 산천을 그리다
그리다 잠들어 버렸으면

골목길 토담에 얼굴을 묻고 울던 어린시절
뺨에 묻어 정다운 황토가
용암정 발밑까지 가까워 오고 있다.
정자의 짧은 단청에 어딘가를 가고 있는 흰구름
그 골목길 따라 돌던 바람아

물무늬 지어오는 거기 어디쯤
고향소식을 몰고 오는가
장독대 봉선화는 피었더냐
십자수 끝을 뜨서 보낸 손수건의 순정이
햇빛 실린 호수에서 손을 흔든다
달이 갇혀 나를 찾던 우물을 내려 보며
달을 떠서 마셔 놀랐던 밤
두고두고 꺼내보는 고향은
푸른 물아래 살고 있다

청사포

역광은 그림자를 잠식한다

황금을 쪼개며 그물을 짜는 바다
가지런히 늘어서 이은 다섯 암초
흰 꽃을 피우며 진주를 다는 암초는
지지 않는 꽃으로
징검다리를 놓고 있다
부딪쳐 돌아오는 파도 소리
잘게 잘게 부서지며 쉬는 푸른 말

나는 감히 바다를 걷지 못한다
쨍그랑 금갈 것 같은 전망대에서
쪽빛도 구름도 바람도
돌아보지 않고 몸을 부수는 일생이
아, 몸서리쳐라
가슴을 뜯어 날리는 흰 갈기
강화유리 아래 멀미를 하며 듣는
우주의 말씀

대항해의 시작 같은 황금의 막이 열리고
바다가 펼친 의식
붉은 색 푸른 색 흰 색과 검정 색 깃발
펄럭일 때마다 보이는 이름들
소멸하고 탄생하는 청사포는 거대한 신당
명명한 진수식도 없이
이름을 얻어 항해하는 선박들

유년의 바다

– 서생 바닷가1

난간에 메달려 흔들리는 조갑지
그 새긴 명세를 읽어본다
변치말자 우리 사랑
카페 '베네'까지 올라온 파도가
글자를 지우며 사라진다
짧은 사랑을 알고 있는
서생의 바다

오요요 오요요.
손바닥에 올려놓고 놀던 강아지풀
서생 바닷가에 무리 지어 살고 있었다
유리창 너머 바라 본 등대
깜박이는 불빛만 헤다 잠드는 밤
그 밤도 살고 있었다

하늘도 보이지 않는 소나무 숲길에서
한참에 밀려오는 그리움 때문에

몇 번을 가슴이 막혀 바다를 보았다
'남짱'
아버지도 해맞이 오셨나요

프로포즈 등대
– 서생 바닷가 2

집어등이 노을에 불을 켠 듯 환하다
선주는 흰색을 좋아하는 것일까
광양호는 속까지 하얀 모습으로
노란 밴다를 옆구리에 차고
쉬고 있었다

대송항 빨간 프로포즈 등대 하트 위에 서면
3초 후 프로포즈송이 나온다는
스토리텔링 소망길
시퍼런 젊음이 터져 피는 꽃으로
세상의 사랑아
해 넘어 가는 바다에 심장이 나부끼고
너 아님 죽을 사랑도 세월이 가서
너덜거리는 핏물 빠진 한줌 하트로 앉아서
무심히 빨간 저 등대를 바라본다
한 번뿐인 생에 한 번뿐인 사랑은 없다
더듬거리는 무딘 맹세를
금종이에 싸서 잘 간직하마

간이선착장
통발을 실은 작은 배 한 척
밧줄에 매여 다가오고 있다

진동 가는 길

해변 길
파도도 없이 잠긴 포구 너머
줄지어 놀고 있는 유리구슬 부표

등성에 쏟아져 핀 흰 찔레꽃
윙윙거리는 벌의 날개가
꽃을 파고들어 더욱 애잔한 어린 꽃대
벗겨 문 배고픈 길가
엉겅퀴 보랏빛 탐스런 머리
이발소 의자에 앉아 웃는 거울 속 얼굴
돌돌 돌려 벗기던 미더덕
그 뱃고동 울던 항구의 향이여

초록치마 흰 저고리
커브길에 선 어머니
보였다 사라지는 이별

제3부

꽃의 이름은

죽고 사는 사랑이 왔다
민들레 꽃씨 같은 꽃은 피어
뉴스특보를 진행하는 앵커 뒤
저렇듯 예쁘게 피어 있다.
빨간 나팔꽃 한 묶음
공처럼 떠있고
달콤한 솜사탕 훌훌 날린다
입을 가려라
허언을 차단하라
비대면 희한한 단어가
차단기를 내린다

거리는 하얀 마스크로
모처럼 조용하다
사람 사이를 돌며 피어나는 꽃
죽고 사는 사랑을 주는 듯
보이지 않아 애끊는 꽃의 이름은
코로나

법기 수원지

삐걱거리는 적산가옥 그 2층을
뛰어 내려오는 오빠의 발자국 소리
몇 그루 동백나무 향나무
소꿉장난이 한창인 아이도 보인다
내 옛집 닮은 수원지의 일본 관리소장 사택
동심이 그리운 풍경이다

댐 마루를 향해 사선으로 가로지른 계단이
기하학적 도형을 만든다.
원앙이 놀고 있는 호수 면에는
푸른색과 흰색을 대비한 아름다운 취수탑
물의 요정이 보였다 사라진다

촛불을 들고 들어가 놀았다는 동네 아이들
취수터널에 석각한 조선총독 사이토 마코토의
글을 읽는다
"生群潤淨源 깨끗한 물은 많은 생명체를 윤택하게 한다"

이름을 남긴 총독은 가고
청정수는 푸르게 살아 하늘을 오가는
한 모금 스미는 목숨이 되었다

해운대, 달빛에 젖다

도시 한쪽 무수한 불빛은
무기를 탑재한 군함이 되어
그 위용도 잊은 채
달을 향해 떠나고 있다

숨죽인 고요 속에 명암을 넣은 붓자국
굽은 소나무, 동백이 짧고 긴 그림자를 만든다
바다는 달이 비치는 길을 내고
갑판처럼 일렁이는 데크 위에서
꼭 불러야만 발자국을 뗄 것 같은 노래
부끄럽게 노래를 한다

물너울 음률도 바위를 치고 가는 장단도
동백섬을 안고 도는 파도 소리
달을 받쳐 들고 저벅저벅 바다로 들어가는
목메는 사랑이 있다

백사장에 펼친 흰 광목에는 사금만 남아
거대한 빛 그물이 씌워진 도시
오래된 고백이 반짝인다

흐르는 것에게

줄지은 벚나무 사이로
가로 금을 그으며 기차가 지나간다
물비늘 세운 강물은 어디로 흘러가는지
세상에 흐르는 것은 많아 여기까지 와
풍경 속에 있다
눈부신 햇살처럼 퍼져나가는
해맑은 숨결

한 참에 심어졌는지
날아와 소롯이 솔 씨를 틔웠는지
한군데 모여자란 송림의 울창함이
겨울이면 더욱 푸르러 말없는 말씀도
주시겠지요
강 건너 상량문 지어올린 영남루 대들보
적색 한아름 기둥에 기대 선
시인묵객의 옥색 도포자락

아랑각 오르는 강가 바위마다
꽃을 피워
그 석화를 밟고 걸어본 날이
내게도 있었는데
계절이 가름 없는 강변에 서서
꿈처럼 자다 깨다
아련하다

교회당 뒷뜰의 기적

주일학교 예배도 끝난 일요일
작은 돌을 차고 가는 심심한 오후
뒤뜰 응달에 높은 감나무

누구의 계시든가
가지채 떨어진 감
아홉살 젖배 곯은 마른 버짐이 배고픈 오후
분 피운 홍시다
감잎에 물든 노을도 봤다

성채 같은 아이
교회당 뒤뜰에 감가지를 들고 서서
푸른 하늘 붉은 빛 속에
부시게 사라지는 천사의 흰 날개를
만져 보았다

금정산의 가을

그래, 그렇게 가겠지
떨어지는 비에 엎드린 낙엽
엇비슷한 갈색 대비는
원색의 가벼움이 없다
잘 잡은 구도가 음영 속에 장면을
바꾸는 금정산
탑 아래 모여서 탑을 쌓는 낙엽도
마지막 숨을 거두며 두 손을 모은다
모두가 엎드려 경배를 드리는 골짜기
아래로 아래로 땅 위에 눕다

부릅뜬 눈, 사천왕이 무섭게 칼을 들고
누군가를 부른다
징징 청동의 쇠북소리가 오랫동안 산을 울려
소나무 뒤에 숨은 나의 죄는 무엇인가
어두워 오는 내리막길에 후드득후드득 빗방울 소리
스산한 바람소리

자랑스런 신항에 와서

– 부산항4

세계 2위의 환적화물 처리항만
150여개국 600여개 항만과 교류하는
세계 경제의 심장이 여기 있다

노란색 크레인의 무인 원격이
물류를 싣고 꿈같은 신항에 와서
문 닫은 가게에 놓여진 의자를 떠올리며
침체된 상권이 회복되는 기대로 상기된 얼굴이다
직선의 아름다움이 컨테이너에 꽃을 피우고
파도 없는 항만의 국제물류창고에 물량은 차서
컨테이너선이 선적을 기다리는 신항
한쪽으로 벌크선 한척이
갑판의 해치를 열고 철광석을 붓고 있다

저무는 태양이
세상에서 제일 찬란한 옷을 주는 항만
가덕도는 거대한 방파제가 되어 파도를 막고

크레인은 날개를 편다
컨테이너 19,000개를 싣는 대형선이 입항하는
자랑스런 신항에 와서

부산항 국제여객터미널

– 부산항5

개항의 역사를 넘어 새로운 도약이 시작되는 부산항
200년 전 사람이 이 자리에 섰다면
놀라 정신을 잃었을 터미널

지형이 바뀐 매립지에 세워진 국제여객터미널
15층 대형 유람선 다이아몬드 프린세스가
승객들을 부산의 관광지로 보내고 있다.
코스타 네오르만티카, 캄푸리는
미동 없이 기항지에 입항해
자국기와 태극기를 달고 정박 중이다

부산항 대교 위로 바쁘게 오가는 차량
펼쳐진 바다 위로
해양부국의 꿈을 소망한다

태극기가 펄럭이는 우리 영해
하얀 크루즈선들이 모여
먼 나라 이야기에 저마다 눈을 감고
항해를 추억하는 부두

애달픈 뱃고동 소리도 없고
천천히 고백까지
남김없이 듣고 떠나는 여객선도 없지만
나른한 봄바다의 또 다른 이별
흰 옷을 차려입고 떠나는 크루즈선
부산항 국제여객터미널

남항
– 부산항6

바다에 흩어져 있는 크고 작은 선박들
전망대 망원경으로 한 외국선원이 보인다
치닫는 절벽 아래 하얀 파도는
부서지며 다시 파랗게 되돌아가고 있다
남항대교가 아치의 곡선으로 음률을 맞추고
더 넓은 바다 남항의 묘박지
뻗은 발도 보이지 않고 잠드는 선박들
화물선의 정수리엔 두 개의 국기가 펄럭인다
안내판 뒤로 자갈치 크루즈가
손님을 기다리고
자갈치 뒤 광장에 앉아 꼼장어와 소주 한잔하면
갈매기가 꼼장어를 낚아채던
자갈치에 와서
부산 그 태동의 중심지 남항을 만난다
국내 최대의 수산물 위판장에
아직도 남아있는 현란한 손가락경매

손가락으로 숫자를 표시하고
자기만의 음으로 소통하는 경매사
통통거리며 영도 대풍포까지 태워주던
그 배는 오래전에 사라졌지만
도심속의 항만, 남항은 활기차다

황매산 연가

은빛 억새를 헤치며 걷는 평원에는
보라빛 들국화 숨은
웃음소리도 들린다
가다가 만난 떡갈나무 아래
벤치에 앉아 다리를 흔들며
대추를 돌려 먹고 먼 곳까지 던지는 대추 씨
부디 싹을 틔워 대추나무로 자라거라
단풍든 큰 잎이 태양을 가리고
바람은 불어 젖은 가슴을 말리는데
손가락 백 번도 더 걸어 약속한 사랑
전설을 찾아 누가 오르랴

산은 그대로인데 사람은 가고
서걱서걱 억새 우는 소리만
산 중턱 혼자 자란 떡갈나무 한 그루
돌아보면 처연히 서
언제까지 나를 보는 나무

하늘에 맞댄 능선을 따라 본뜬 그림
제 몸 접어 따라나서는 눈물 같은 산이다

그 섬의 참나리꽃

갈 수도 올 수도 없는 막막한 그리움
언제부터 이 섬에 살아
비탈진 돌 사이 사람처럼 서서 바다를 향하는
발 아픈 신음소리
주황색 붉은 얼굴에 점까지 찍어 보인 얼굴
잊지 마라

목을 빼고 기다리는 수평선 넘어
내항선 한 척 보였다 사라지고
넘어가는 저녁 해에 부신 눈 보이지 않는 길

한 무더기 서럽게 핀 꽃속에 앉아
사진을 찍는다
꽃이여
기다림에 그리운 소식
귀기울어 들어보는 발아래 파도 소리
긴 꽃술 내리며 울고 있느냐

가슴에 피운 소금꽃

– 송정1

바다에 떨어질 듯 가고 있는 초승달

아무도 없는 하늘에
아무도 없는 바다에
홀로 가는 달을 따라
어디로 가고 싶은 세상의 슬픔이
뒤를 따르고 있다
가자
죽도공원 계단을 오르며 허공에 쥐어진 듯
맞잡고 가는 손도 바람일테지
백년을 자라도 하늘에 닿을 수 없는 것이
어디 나무 뿐이더냐
가슴에 피운 소금꽃 반짝이는 해안가
구리빛 살갗 터지며
허물을 벗어 달리던 백사장
파도여
고백인 듯 애무인 듯 숨죽인 귀엣말
나만이 알아듣고 돌아가노라

신라의 달밤

– 송정2

신라의 달밤이다
옥색 두건에 꿩깃을 높이 꽂은 기파랑
서라벌을 누비던 꽃같은 화랑이
높이 뜬 달을 보는 옛이 묻은 밤

소나무는 어디가고 그림자만
화랑이 그리운 밤
바다 건너 이승의 불빛을 우두커니
보고선 사이
천년 세월이 흘러 가버린 말발굽소리
한아름 자른 대나무
화살을 만들자고 약속한 날이 언제였던가
충담사의 노래가 바다를 덮네

팔각지붕 일송정 정자에
옛을 닮은 사진 한장
텅빈 바다와 하늘
품에 넣고 싶은 초승달만이
무색의 조각배로 흘러가네

대나무 군락의 명상
– 송정3

해풍에 실킨 상처 깊은 대나무 몇 마디
유리잔에 꽂아 놓고
오래전에 용맹했던 사람들
명중했을 화살의 기쁨을 만난다

경상 좌수영의 전시용 화살이 만들어졌다는
죽도의 유래비

시위를 떠난 화살이
우국충정의 기도 속에 승전고를 울렸는지
가는 마디를 만져보면
뼈대는 살아 피가 돌고 있다
연두로 말려 돋는 새잎에 옛이야기
그 가슴 뛰는 이야기를 들려주며
한쪽 몇 걸음에 살고 있는 죽도의 주인
바다도 보이지 않는 큰 나무 아래서
발돋움하여 바다를 보는 대나무 군락

제 4 부

섬진강 택배

섬진강은 흘러라
복사꽃이 솟고 있다
봄으로 가는 길목에 재첩국 한 그릇
비릿한 그 맛이 내장까지 울렁이어
파릇파릇 봄밭에 눕고 싶은 봄날
밭두렁을 기고가는 자동차 차장 밖으로
터질 듯한 꽃봉오리
혼미한 눈앞으로 복사꽃이 피고 있다

건너 대나무 사이사이 보이는 저 꽃은
매화인가 복사꽃인가
세월을 돌아서 간 그대가 보낸 것인가
주소도 정겨운 대밭길 151

으슬으슬 바라보던 섬진강은
비릿하고 알싸한 맛
몇 번의 거랭이에 걸려 우는
긴 이별이었다

왕이 달리던 길

왕이 말 타고 달리던 길이다
토함산의 여름은 초록으로 길을 내고
초록으로 옷을 입은 바람이
초록으로 무너졌다 일어서며
옛을 보이는 산이다

승용차 앞으로 달리는 용맹한 왕의 말발굽 소리
꾸불꾸불한 산돌 섞인 산길을
흙먼지를 일으키며 달리는 토함산
신성한 산세 속으로 사라졌다 다시 구비치는
산등성을 타고 달리는 왕의 출타길

동쪽은 대종천이 흐르고
신라의 동해구로 나가는 해안은
군사요충지로 호국사찰들이 창건된 곳이다

무더운 여름날
꿈인 듯 향하는 애달픈 오늘
습처럼 다녔던 장황사지
나를 인도하며
앞서 달리는 나의 왕이여

시마바라 평성신산

7개월째 연기를 내뿜던 후겐다케 봉우리
거대한 폭발과 함께 용암을 토해낸
시마바라 평성신산

운젠산을 오르며 보았던
삼나무 편백나무 녹나무 뻗은
울창한 숲의 전경이
옆으로 철산 같은 화산을 보이기 시작한다
흑회색의 포탄 같은 위엄을 달래듯
흰 구름이 걸려있다

전망대에서 내려 보는
시마바라항
엎드린 마을이 고요하다
화산 쇄설물이 빠르게 급습해
순식간 목숨을 잃은 사람들
분화를 멈춘 화산 아래 전운이 감도는 마을

까마귀가 머리 위를 날고
가슴속 용암이 터질 듯한 사람들이
손을 들어 하늘을 찌르며 사진을 찍는다
내일도 모르는 채 나의 설계도 백년이다

왜성이라는 그말

허물어진 천수대의 조각일까
돌계단은 남아서 그 흔적을 찾아 오르지만
왜장의 시퍼런 칼날이 번득이는 듯
옛 모습이 보였다 사라진다

비에 젖어 검게 푸르게
산허리를 따라 서생포 왜성은
회야강 작은 포구를 끼고
남의 땅에 제 이름으로 남아있다

꽃처럼 번져 핀 청회색 돌꽃들
수많은 소리들이 발아래 솟아오르고
나비처럼 떠도는 영혼이 산복을 나르는 왜성

봄 색 묻은 꽃망울 벚나무 가지가지
장군수 우물터 팻말
조선 백성이 동원된 목마른 슬픔
나 홀로 천수단에 올라

해무에 한 겹 가려진 봄비에
서생포를 내려 보며
기어서 도망가는 카토 기요마사
그 왜장을 떠 올린다

시의 신, 아폴론에게

물살의 흰 포말은 푸른 옥양목을 찢고 있다

아크로폴리스 신전
실내의 기둥은 어디가고 쏟아지는 태양
언덕에 선 신들이 알 수 없는 이야기로
미소짓고 있다
남성의 심벌도 거침없이 내어 놓고
활을 쏘는 헤라클레스
월계수가 기둥을 감아 그 잎이
아폴론 머리에 월계관을 씌우는 승리
디프네의 매끄러운 몸에 흘러내리는 여신의 옷
훌훌 벗고 그 옷을 입어 나도 디프네다

신전 기둥의 긴 그늘 아래 앉아
노란 수선화를 본다
미소년 나르시스가 자기애로 꽃밭에 선다

이제 마지막 신의 뜻을 구하고자 한다
예언이 전달되는 외도 보타니아
시의 신, 아폴론이여
부디 신탁을 내려 주소서

하늘의 경계에 구도를 잡다

아직 조금은 남아 그림의 배경이 되는
연한 붉음이다
벼루에 먹을 갈아 오늘 밤
벽이 없이 두리기둥만 서서
하늘도 바다도 물새도
다 넣어 병풍을 만들고 있는
객사를 그려 볼까

잠든 사신들의 숨소리가 들리고
희미하게 보이는
녹도만호 정운공의 순의비
해전의 선봉에서
싸워 이긴 승전이
또는 그 슬픔이
붓길마다 따라와 그림 속에 있다

점점 수묵도 필요 없고
밝기 시작하는 달빛과
더 검게 물드는 몰운대
생먹을 갈아 아픈 그 날을 지우면
하늘의 경계에 구도를 잡아
더욱 뚜렷이
태어나는 다대포 객사

송도를 걷다

가끔 해녀의 숨비소리가 들리는
해안의 산책로다
수많은 배들이 닻을 내린 연안풍경이
오래된 해수욕장의 한 시절을 떠올린다
나지막한 송림공원 벤치에 앉아
건너 혈청소로 가는 짙은 숲과
눈 아래 엎드린 거북섬을 스케치하며
떨어질 듯 출렁다리를 걷던 송도

안남공원 데크길 계단을 오르며
돌아서서 바라보는 바다
원근에 점점이 보이는 배들의
저마다 품은 사연이
어디론가 떠나는 항해

반원을 그리며 밀려오는 파도
우리나라 제1호 공설 해수욕장이
그 영광의 막을 올리고 싶어한다

적산가옥 벽장에 따라가지 못한 기모노
아노 아노 치욕의 역사도
횟집 간판을 걸고 네온 불빛을 밝힌다
그리스의 산토리니
감흥이 사라질까
송도여, 가슴 졸이며 걷고 있다

고산 윤선도를 그리며
– 기장 죽성리1

허물어진 돌을 밟고 오르는 설레임이
수십 그루 둘러 선 소나무 사이
방파제 등대의 불빛
황학대라 이름 짓고 매일 찾은 윤선도를 어이 만나리

털 빠진 마른 억새를 꺾어들고 꽃인 양
흔들어 보는 그리움이
잘생긴 선비의 무명옷 냄새
궂은비 흐리던 구름도 없는 밤하늘
시공을 초월한 사람이 여기저기 섰다가 간
자리를 찾아 헤매고
흙 속에 내민 등뼈 같은 흰 돌
분명 여기도 앉았으리

달이 뜨면 그대여
시문을 주고받아 시첩으로 엮어볼까
정상은 넓어 띄엄띄엄 소나무도 있어서
황학처럼 춤추다 하늘에 오르자

두모포 어디메쯤
새벽인가 울어쌓는 수탉의 울음소리

은빛 명암을 넣는 밤
- 기장 죽성리2

누군가 기다릴 것 같은
언덕의 바람 부는 소나무 아래
간간히 들려오는 오래된 이야기

섣달 보름 크기도 한 달이 늘어뜨린 가지 사이
은빛의 명암을 넣는 밤
바스락거려 놀라 만져보는
달의 투명한 살갗
갯바람 속에 수없이 들려오는
사람, 사람의 맑은 영혼이 왔다가는
발자국 소리

해송의 가슴에 발갛게 품어 보내지 않는 서낭당
품어 보내지 않는 사랑의 전설은
이 언덕에서부터 시작된 것일까

신선이 학을 타고 하늘로 올라간 자리라면
주인 없는 명월을 노래한 서른 두 살의 젊은 윤선도
귀양살이에 지친 두 손을 마주 잡고
다시 올지 모르는 황학을 기다려 보는 달밤이다

무명도공추모비
- 기장 죽성리4

작별 인사도 없이 끌려 왔노라

서답골 골짜기
잡혀와 걸었을 도공들의 발자취를
따라가는 봄날
돌사이 초록 풀이 돋고 있을 고향집 돌담
돌아가지 못할 그리움에 더욱 울며 갔을 오솔길

무명천 바지저고리를 추스르는
마지막 입은 조선옷
마지막 바라보는 산천
보이지 않을 때까지 흔드는 손
저 멀리 일본땅 수평선이 아득하다
규슈의 다카도리야키의 시조가 된
팔산도 이곳에서 끌려갔다

일본의 보물을 만든 조선의 도공들
역사 유적지로 칭송받는 도자기 거리

이마리 도자기가 된 이역만리에 와 구운 도자기
300여년의 과거시간
아리타 산꼭대기의 기념비에
대은인이라 새긴 비석이 사람처럼 반기던 모습
함께 눈물지며 바다를 보았다

내 모습에 눈이 부시다
– 대변항1

가야 하나
말아야 하나
선회하다
갑자기 달려드는 갈매기들

물레 가득
만선으로 돌아와 그물을 푸는 사람들
에야디야 에야디야
일사불란한 손놀림이
그물코에 걸린 멸치를 털어낸다
후리소리가 가득한 봄의 대변항
어가가 떨어질까
만선의 깃발도 달지 않고
흰 등대를 돌아온다는 멸치잡이배

어황이 시시때때로 변하여
멸치를 찾아 항해하는 용성호
어군탐지기로 어탐되면 바로 투망이다

내 모습에 눈이 부신다
바다에서 올라올 때 그 고유의 은빛이
하는 말이다

올렸다 내렸다 후리치기
어두워오는 항구에 쉼없이 보이는 빛의 반사
이야차 이야차
서낭대까지 올랐다 떨어지는 멸치 떼

후리소리

– 대변항2

파도소리가 없는 대변항이다
이제 불빛은 포구의 길따라 하나 둘 꽃을 피운다
테크다리를 돌아 저 만큼
더 가까이 눈앞에 바다를 두고
점점이 묻어오는 갯바람속에 피는 꽃

너울거리는 수많은 불기둥은 육지를 받쳐들고
나를 받쳐들고
아, 기대어 바라보는 슬픔은 아름다워서
울어 보는 것이다
어디선가
격식없는 후리소리가 아득히 들리고
무한한 사랑의 영감이
바다위를 거닐다 와락 안겨오는
젖은 옷에 번지며 쓰는 시 한 편 같은 것
찬탄에 싸여 최고의 날을 살고 있는
대변항의 오늘밤 일기다

제5부

코스모스 핀 간땅꾸

원인도 모르는 병으로 며칠을 앓았다
박 바가지가 왔다 갔다 하고 헛소리까지 하며
몸은 불덩이였다.
어머니를 따라 병원으로 가는 길
뛰다가 걷다가 좋아서 나들이 가는 길같은
적십자병원을 가고 있었다
어머니는 난생처음 약속도 없이
행길 가 양재점에 들어가서 옷을 맞춰 주셨다
줄자로 여기저기를 재고 팔을 들어 길이도 쟀다

재단사가 펼치는 코스모스 나염 찍힌 포플린
코스모스가 필 때쯤 훌쩍 자라
허벅지까지 올라간 옷을
찬바람이 불 때까지 입고 다녔다
아가 춥겠다
누군가 부끄럽게 말해준 간땅꾸에
질 줄 모르는 코스모스

아프면 떠오르는 코스모스 핀 간땅꾸

만화리를 지나며

기장에서 넘어오다 만나는 만화리 표지판
큰길 아래쪽 산 아래
봄꽃에 파묻힌 꽃처럼
헤집으면 더 피어 나올듯한 마을

만화 같은 세상이 살고 있을까
자라지 않는 영원한 동심
하늘을 나는 자유
피터팬이 지나갔다

신호등에 밀려 잠간 내려 보는 만화리
말풍선 속 이야기를 읽어가며
낡은 만화책과 만나는 세상
어른이 되어
나도 모르게 몸 자란 어른이 되어
파스텔로 분간 못할 아이가 그린 그림
꿈속에 둘러싸인 신비한 동네가
둥둥 뜬다

손잡이에 힘을 주며
어쩌다 어른과 맞서는 어른이 되었나
풍선이 멀리 날아간다

쇠목재에서

산 하나 품고 돌아와
누워도 앉아도 바람 속에
멀리 느릿느릿 돌아가는 거대한 풍력 발전기
나란히 서서 바라보는
굽이굽이 주름잡은 치마폭이
펄럭일 듯 말 듯
누르고 앉은 밑단의 아찔함이
시원히 펼쳐 곡식이 익어가는 들
옛날사람 목숨이라는
고개 숙인 황금의 부심이
신작로 길을 끼고 도는데
한 돌 한 돌 쌓아올린 돌탑을 씻는 바람소리
가을꽃은 보랏빛에 노란 꽃 수술
희고 붉은 산의 붓질은
덧칠로 감추고 싶은 사랑이었나

쇠목이가 마중 나온 쇠목재에서
쨍그랑 쨍그랑 금빛돌기

'금 나와라 뚝딱' 배고픈 사람들 부자이야기
대장도깨비 쇠목이는 앞서가고

줄지은 바람개비 만세를 부르는
자굴산에 와서 짧은 편지
도회의 옷을 보냅니다
쇠목아 내일은 건너 산으로 가자

수련을 만나

돌확에 누워 하늘을 본다
어찌 하늘만 보였겠느냐

자비의 품속에서 매일 닦아 이룬
모 없이 둥근 잎을 보라
잎마다 터져 초월한 충만이
물위에 누워 둥둥 꽃을 피우는 구나

엎드려 마주하는 어여쁜 꽃이여
해 지면 오므려 닫는 품안에서
천만리 해매는 길
은하수가 흘러 황매산 억새밭에 떨어지고
발맞춘 약속이 돌아보며
먼 길을 가는데
꿈인 듯 잠이 오는 이 기쁨은 무엇인가
주름으로 마감한 보랏빛 천장에
몇 줄 시를 쓰다 잠든 시인이여

꽃술을 적시는 슬픔

홍법사 돌확에서 평생의 그리움을 만났네

송도 해상케이블카

모형의 공룡이 우는 소리
백악기 때 사람이 있어 언제 이 울음소리를 들었는가

사방 유리로 된 파노라마 뷰
바닥까지 보이는 크리스탈 해상케이블카에서
검푸르다 가끔 흰 물살을 세우는 바다가 아래 있고
발바닥에 찌릿한 금을 긋는 발이 오늘밤 천상에 있다

야경으로 수많은 철탑 아래 보이는 바다
점점 바다 위를 가는 무서움이
어항처럼 훤히 보이는 크리스탈룸
뚝 끊어서 사라져도 좋을 용기가
타임캡슐로 어딘가 묻힐 생시 같은 꿈을 꾸며
아련하여 잠이 오는 행복

문을 열고 잠시 날다 오리니
별빛인지 불빛인지 분간 못할 빛에 싸여
출렁 매달려 가는 하늘길
끝간 데 없이 이어 밤새도록 가다 승천하리니

소반의 솔 그림자

소나무 가지의 솔잎이 그림자를 드리운다
밥을 기다리는 동안 소반집 빈 식탁에는
수묵화가 흔들린다

물비늘 하나 세우지 못하고 펼쳐서 침묵이다
몇 만 필 벽화는 그 날처럼
석양의 붓질이 일렁인다

단지 몸부림쳐오는 파도와 손잡았던 옛 소나무
팔각 소반에 올려 진 삼색의 나물
햇볕이 와도 침침한 창가에서
솔 그림자와 어울리는 소반
흰 껍데기로 세월 다한
빈 소라를 주워 귀 대어 보면
쏴아 하게 겹쳐 오는 먼 청춘의 파도소리

나가사키의 들국화

나가사키에서 운젠으로 가는 어디쯤
잠간 멈춘 편의점 앞
들국화는 국경도 없이 보랏빛을 띄며
하늘거리고 있었다

손가락 서너 마디
세상에서 제일 작은 꽃다발을 만들어
환하게 웃는 가을 남자
일곱 송이
향기로 진동하는 차 안에서
창 밖을 보니 '다시보자' 보랏빛 손가락을
흔들고 있는 이별이 보였다

풋내 나는 첫사랑을 닮은 꽃
사무라이 시퍼런 칼도 내리게 하는 꽃
오만가지 생각 속에
지천으로 피고 지는 들국화

일본을 본다
공항에서 만난 일본식 우동면기에도
들국화가 만발하다

칸타빌레

눈물을 말리는 오늘밤 바람아
다시 만나도 반갑다 안겨들지 마라
고단했던 하루가 객석에 앉아
잊은 그리움을 찾는 밤이다

활처럼 휘며 악기를 든 연주자
협주곡은 탬즈강을 건너며
은빛 홀에 물보라를 흩고 있다

사람과 장미가 섞여 거니는 강변
거지노인의 낡고 녹슨 바이올린 연주에
텅 빈 구걸모자
대신 받아든 신사의 연주를 들으며 모여드는 사람들
저 연주자는 파가니니다
영혼을 위로하는 가슴 아린 선율이
온몸을 감아 울려 퍼지는 밤

갸우뚱 목을 비튼 그리스 조각상 닮은
마르코
미술학도의 눈 익은 뎃상이 무대에 있다
노래하듯이 연주하라 칸타빌레

서귀포 외돌개

물새 한 마리 수평선과 키를 맞추며 날아간다
또 한 마리 날개짓도 없이 빠르게 날아간다
날개편 갈매기는 서쪽 바다에 보이지 않는다

저 혼자 솟아 외로운 외돌개
외로운 사람들이 돌을 보러와 말이 없다
고독을 보게 하는 묵상의 시간

파도가 치고 씻는 침식의 몸은
수직의 절벽기암이 되어
소나무 몇그루 머리에 두고
넘어가는 저녁해에 물든 뼈를 말린다.
바람이 닦아주고 햇볕이 말려주는 오랜 사랑
구럼비와 통달목은, 사철 초록을 보태며
삭막하지 않는 풍경 속에 외돌개를 세운다

침식되는 풍화는 바다에서만 살아
해안의 절경 속으로 뚜벅뚜벅
계단을 내려가는 외돌개

서귀포 정방폭포

백말이 뛰어들어 놀라 깬 꿈속에서
수학여행 때 만난 장엄한 폭포음
직선으로 떨어져 줄인 듯 타고
하늘까지 오르고 싶었던 정방폭포를 보았다
그 태몽으로 태어난 아들은
한 아이의 아버지가 되었다

산신이 나타나 금도끼 은도끼를 들어 보이는
진초록 물속
흰 포말이 퍼져 내리는 폭포수
하얀 비단옷을 지어 입고
진시황의 사자 서불을 만나
불로초 이야기를 듣고 싶은 축축한 숲이었다

새순 오른 해송도 등이 굽고
곰솔도 기댈 바위를 찾아 숨이 차는 곳
맥박을 고르며 떠나는 이별은
더 넓은 우주로 몸 섞어 가는 길이었다

겨울, 나무로 서다

상현 낮달이 한 조각 흘러가는
산성마을 초입에 서서
다 벗어 제 뼈끼리 부딪치는 소리
몸속으로 푸른 사리가 얼비치는 선승을 보네

함께 노래하던 옆 개울은 입을 닫고
빠져 나가는 바람에 삭정도 꺾여
까치가 물고 나네
옹이진 가슴 허리 아프게
걸었던 지난날을 생각하네

방언이 터져 혼잣말이 많아진 겨울산은
휘파람을 불다 눈물을 흘리네
발효 멈춘 막걸리도
큰 바위 마른 솔잎 위에 한 사발
숨겨놓은 추억이 흔들리고
해와 달이 함께 떠 금빛 발을 엮어 달아서
아른아른 잊은 얼굴이 보이네

추운 나무로 선 시린 삶이여
잠시 이 성전에 쉬어가라
회청색여행
닿을 듯 말 듯 흘러가는데

보문호수 갑옷을 입다

묵묵히 꿋꿋이 서 계신 나무 두 그루
이미 하늘에 닿아있다
해는 금색을 입히고
경의를 표하는 가슴은
언 이슬이 유리구슬로 감아
거룩한 한 순간을 바친다

겨울바람에 터져 만든 사방무늬
입 꾹 다문 갑옷입은 장군이
빙판을 달린다

호수길 잎진 나뭇가지
은갈색 절제의 풍경 속을
생각에 잠겨 걷는 사람들

갈기를 털며 우는 말의 울음소리
천년세월도 이렇듯 흘러 가더라

| 해설 |

| 해설 |

장소의 혼으로 피어나는 시적 정취
– 정남순 시의 의미

김경복 (문학평론가, 경남대 교수)

한 사람의 시 세계를 따라가다 보면 발을 멈추게 하고 눈을 맞추게 하여 떠날 수 없게 하는 작품이 있다. 그 작품의 시구는 그 시인의 외로움과 의식 지향, 이 세계에 대한 시인의 사랑과 슬픔을 다 품고 있어 쉬이 눈길을 돌리지 못하게 하고, 발길마저 얼어붙게 만든다. 시가 사람을 홀리는 순간이다. 이미지로 변신한 시구가 자신을 보는 독자에게 말 건네 일상에서 벗어난 환상의 신비를 느끼게 만든다. 그 찰나 시는 알 수 없는 아우라를 내뿜어 현실마저도 몽롱하게 만드는 기이한 존재가 된다. 시가 발현하는 위의(威儀)에 사로잡혀서 전율에 떨고만 있어야 하는 때는 고통스럽기도 하지만 참으로 아름다운 의식이 깨어나는 시간이다. 그런 경험을 많이 할수록 우리 영혼은 맑고 고요해진다.

정남순의 이번 시집에 있는 다음 작품이 그런 감정을 들게 한다. 그 시는 시집의 흐름에 따라 무심히 흘러가던 나의 영혼을 죽비 내리치듯 화들짝 깨어나게 하면서 몇 마디 말로는 전달할 수 없는 애절함과 안타까움의 감정을 들게 한다. 불편하면서도 그리운, 서먹하면서도 애틋한 감정을 그 작품은 불러일으키는데, 그 복잡한 감정이 말라붙어가는 나의 영혼을 다시 일깨우고 있다는 점에서 매우 의미심장한 표현으로 보인다. 그 시는 이렇다.

> 은하수가 흘러 황매산 억새밭에 떨어지고
> 발맞춘 약속이 돌아보며
> 먼 길을 가는데
> 꿈인 듯 잠이 오는 이 기쁨은 무엇인가
> 주름으로 마감한 보랏빛 천장에
> 몇 줄 시를 쓰다 잠든 시인이여
>
> 꽃술을 적시는 슬픔
> 홍법사 돌확에서 평생의 그리움을 만났네
>
> —「수련을 만나」 부분

이 시의 아름다움은 몽롱한 세상의 풍경이 그려지고 있음에서 발생한다. 그것도 "몇 줄 시를 쓰다 잠든 시인"의 의식 속에 피어나는 세계의 신비함에 들어있다. 시적 화자는 "은하수가 흘러 황매산 억새밭에 떨어지"는 풍경을 본 순간, 그 세계의 아름다움에 취해 "꿈인 듯 잠이 오는 이 기쁨"을 느낀다. 세계의 아름다움이 자아 내부의 정신적 아름다움으로 동화되어 나와 세계의 구분이 없어지는 존재의 충일감을 표현한 것이다. 물아일체의 신비로움과 고고함! 이 감정을 "몇 줄 시를 쓰"는 것으로 드러냈을 것이다. 시야말로 자아와 세계의 동일성을 표현하는 양식이니 말이다.

말로 표현할 수 없는 감정을 시적 화자는 "홍법사 돌확"에 피어있는 '수련'을 만남으로 인해 다시 느낀다. 그 순간의 감정을 "꽃술을 적시는 슬픔", 또는 "평생의 그리움"으로 표현하고 있다. 왜 아름다움은 '슬픔'이나 '그리움' 등의 아픈 감정과 연동되어 나타나는가? 비록 시인은 윗부분에서 일부 '꿈인 듯 잠이 오는 이 기쁨'이란 표현으로 즐거운 감정을 나타내기도 했지만, 이 시의 전체적인 감정과 아름다움은 평생을 떨쳐낼 수 없는 그리움으로 표현된 애틋함, 애절함에 있다. 왜냐하면 '평생의 그리움'이라는 말이 늘 결핍과 의식의 지향에 따른 존재의 외로움을 바탕으로 성립되어 있기 때문이다. 존재는 외로움을 느껴야 생의 의미와 본질을 탐구한다. 외로움은 의식의 깨어남이자 시심(詩心)의 발로가 된다. 다시 말해 시를 통해 얻는 기쁨은 생의 슬픔으로 발동되며, 슬픔의 무늬가 그리는 아름다움을 통해 시적 기쁨은 성취된다. 기쁨은 슬픔의 변주로서 역설일 따름이다. 그렇다면 왜 인간은 외로워해야 하며, '평생의 그리움'에 싸여 살아야 하는가? 이러한 물음에 대한 답을 구성하는 것은 이 시와 관련되면서도 차원을 넘어선 또 다른 문제로 확대된다. 그래서 굳이 답을 말한다면 알 수 없음, 곧 '불가지(不可知)'가 그 내용이 아닐는지.

'평생의 그리움'이란 시구 앞에서 나의 의식은 서성인다. 그것은 나의 생애가 추구하는 이상적인 가치를 떠올리게 하면서, 말로 다 풀어낼 수 없는 생의 의미를 저 간결한 표현으로 압축해내고 있구나

하는 감탄을 불러일으키기 때문이다. 저런 마음의 경지에 나는 가 닿았는가? 이 마음의 갈증을 풀기 위해서 정남순 시의 중심부에 들어가 보아야겠다는 생각이 인다. 시인이 말하고 있는 '평생의 그리움'의 정체를 알기 위해 그녀가 그리고 있는 이미지의 풍경 속으로 질러가 보지 않을 수 없다.

육친에 대한 그리움과 잃어버린 고향에 대한 추억

모든 사람은 저마다 평생의 그리움을 안고 산다고 말할 수 있다. 그리고 그 그리움의 내용은 서로 달라도 각자 본인에게 미치는 영향은 비슷한 강렬함을 띠고 있다고 볼 수 있다. 그런 점에서 평생의 그리움은 모든 인간에게 있는 본질적인 내용이다. 그것이 무엇일까? 그것은 우리 인간이 가질 수밖에 없는 존재의 숙명, 즉 유한성과 관련되어 발생하는 감정이다. 시간의 흐름에 의해 발생하는 소멸에 대한 두려움과 아름답고 행복했던 순간에 대한 애틋함의 정서 등이 그런 예다.

정남순 시인도 크게 이런 범주에서 벗어나지는 않는 것으로 보인다. 가슴 절절하게 풀어내고 있는 다음 시편들이 이에 부합한다. 부모, 그것도 돌아가신 부모의 존재는 한때나 지금이나 내 존재의 본질적 토대였기에 존재의 변화와 무상함을 가로질러 나의 근원과 현존을 가장 잘 인식시켜주는 대상이다. 하여 나이 들수록 육친에 대한 사모의 감정이 넘치게 되는 것은 당연하다. 다음 시들이 이를 잘 보여준다.

돌돌 돌려 벗기던 미더덕

그 뱃고동 울던 항구의 향이여

초록치마 흰 저고리
커브길에 선 어머니
보였다 사라지는 이별

–「진동 가는 길」 부분

아버지의 학창시절
혀 짧은 일어와 굴러가는 영어를 배웠을
아버지의 발음은 오랫동안
우유도 미루꾸였다

함, 함아무개
하늘같은 아버지의 말을 받아 적고
공책을 덮었다
그는 스웨덴 출신 '다그 함마슐드' 사무총장이었다
입속에서 맴돌았을 아버지의 영어
영원히 잊히지 않는 이름 '함아무개'

–「함아무개」 부분

이 두 편의 시가 보여주는 정서는 그리움이다. 둘 다 돌아가신 어머니와 아버지에 대한 기억을 바탕으로 잊혀지지 않는 풍경과 에피소드를 말하고 있다. 먼저「진동 가는 길」에서는 기억에 낙인처럼 남아있는 어머니의 모습이 그리움의 대상으로 등장한다. 이 시에서 어머니는 '진동'이라는 항구의 풍경 속에서 "초록치마 흰 저고리"의 고운 모습으로 "커브길에 서" 시적 화자와 "보였다 사라지는 이별"을

하는 것으로 그려지고 있다. 실제로는 자식의 눈에 남아있는 어머니 모습의 애처로움을 표현할 것일 터인데, 이 이별의 장면은 시간을 초월하여 시적 화자에게, 곧 시인에게 '영원한 현재'가 되고 있다. 다시 말해 평생의 그리움이 되고 있다. 그 평생의 그리움으로 그려지는 어머니의 잔상은 화자에게나 그것을 상상하는 독자에게 말할 수 없는 선연함과 애절함을 불러일으켜 아름다움의 극치라는 감각을 준다. 그것은 시구의 제시가 설명을 제거하고 이미지만으로 3행을 제시하는 데에서 잘 나타난다. 극치는 설명이 필요 없는 법이다. 설명할 수 없는 감각들로 구성된 그때의 '미더덕 향'이나 '이별의 풍경'이 화인처럼 남아 현재에 작용하고 있다면, 이를 우리는 평생의 그리움이라 말할 수 있지 않을까? 그리움도 어느 정도 감각과 감성에 기초해 있을 테니 말이다.

이러한 점은 「함아무개」에 나타난 아버지에 대한 추억에도 그대로 나타나고 있다. 일본강점기 시대 공부를 한 아버지는 일본식 영어 발음으로 숙제하고 있는 어린 자식에게 50년대 유엔 사무총장 '함마슐드' 이름을 "함, 함아무개"로 알려준다. 성인이 된 시적 화자는 "입속에서 맴돌았을 아버지의 영어/ 영원히 잊히지 않는 이름 '함아무개'"의 사정과 사연을 알게 되면서 아버지의 사랑과 아버지에 대한 그리움을 깨닫는다. 이 시에서 나오는 아버지 역시 시적 화자인 시인에게 "영원히 잊히지 않는" 추억을 남겨주고 있음에 따라 평생의 그리움의 대상이 된다. 이 그리움은 어머니를 추억하는 그리움과는 달리 따뜻하고 행복하여 성인이 된 시적 화자에게 더 간절한 느낌을 준다. 간절한 것은 현재에 없는 결핍을 환기하는 것이어서 서러운 것이다. 그렇게 본다면 평생의 그리움은 기쁨이 서러움으로 변하는 지점에서 발생하는 아름다움이기도 하다.

이런 육친에 대한 그리움과 존재의 본질 탐구는 삶의 의미가 소외와 분열이 없는 유년과 고향에 대한 그리움으로 나아가지 않을 수 없다. 정남순 시에 나타난 고향은 단순한 유년의 기억을 간직하고 있다는 점에서 그리운 것이 아니라, '나'라는 존재에 대한 의미 확인의 토대가 된다는 점에서 그리운 대상이 된다. 다음 시가 이를 잘 보여준다.

여기 앉아 묵묵부답 그 낯빛만 보이는 고야천
말할 듯한 산천을 그리다
그리다 잠들어 버렸으면

골목길 토담에 얼굴을 묻고 울던 어린시절
뺨에 묻어 정다운 황토가
용암정 발밑까지 가까워 오고 있다.
정자의 짧은 단청에 어딘가를 가고 있는 흰구름
그 골목길 따라 돌던 바람아

물무늬 지어오는 거기 어디쯤
고향소식을 몰고 오는가
장독대 봉선화는 피었더냐
십자수 끝을 뜨서 보낸 손수건의 순정이
햇빛 실린 호수에서 손을 흔든다
달이 갇혀 나를 찾던 우물을 내려 보며
달을 떠서 마셔 놀랐던 밤
두고두고 꺼내보는 고향은
푸른 물아래 살고 있다

– 「밀양댐 망향비 앞에서」 전문

참으로 놀라운 망향시(望鄕詩)다. 시적 내용은 그립다 못해 애절하다. "고향소식을 몰고 오는가/ 장독대 봉선화는 피었더냐"에 담긴 목소리는 울음 한 바탕이다. 그런데도 이 시는 감상적으로 읽히기보다 평생의 그리움이라는 화두 속에 '나'의 존재성을 탐구하는 시로 읽혀 기이한 느낌을 준다. 시구를 따라가면 추억 속의 고향 풍경은 전체로 구성되듯 이미지로 전개되고 있다. '고야천', '골목길 토담', '빰에 묻던 황토', '용암정', '용암정 단청', '단청에 흐르는 흰구름', '골목길 따라 돌던 바람', '장독대 봉선화' 등이 잊혀지지 않는 것이자 가장 중요한 고향 풍경으로 제시된다. 그것들은 절절한 그리움의 감정에 기초하여 떠오른 감각적 이미지들이다. 이후 '우물 속의 달', '달을 떠서 마신 경험' 등도 거기에 합류한다. 덧붙여 생각할 것은 제목의 내용으로 볼 때 시적 화자의 고향은 놀랍게도 '밀양댐'에 의해 수몰되어 '망향비'까지 세워진 곳이라 더 애틋할 것이라는 점이다. 외부적 상실감에 의해 더욱 유년과 고향에 대한 사무친 그리움의 목소리를 내고 있는지 모른다.

그런데 이 시의 핵심은 "달이 갇혀 나를 찾던 우물을 내려 보며 / 달을 떠서 마셔 놀랐던 밤"이라는 표현에 들어 있다. 이 말은 고향이 달을 매개로 하여 '나를 찾던 우물'이 있었던 곳, 그리고 지금도 "푸른 물아래 살고 있"어 "두고두고 꺼내"볼 수 있는 곳이란 의미를 갖게 한다. 곧 고향에서 자아에 대한 개별적 자기인식을 가져보았고 이를 현재까지 지속적으로 인식하고 있다는 체험의 표현이라는 것이다. 이러한 표현은 고향이란 장소와 의미가 한때의

지나간 시간대와 공간이 아니라 현재의 나의 삶에 영원한 어떤 의미를 부여하는 대상이 된다는 뜻이다. 이는 "달을 떠서 마셔 놀랐던 밤"의 충격이 과거의 체험이자 현재까지 지속해오는 체험임을 고백하는 데에서 알 수 있다. 우물 속에 달과 합일된 존재로 있는 나를 마시는 것, 곧 달과 함께 떠 있는 나의 아련하고 고고하고 아름다운 실체를 감지한 그 어린 시절부터 진정한 나를 찾기 위해 현재까지 헤매고 있다는 말일 것이다. 이는 우물로 상징화된 고향의 공간 속에 놓인 아름다운 자아를 현재까지 찾고 추구해나간다는 의미로 보인다.

그런 점에서 독일 낭만주의 시인인 노발리스가 "철학이란 본래 고향을 향한 향수이자 어디서나 자기 집에 머물고자 하는 충동"이라고 말한 내용이 정남순 시인의 시적 지향과 잘 어울리는 말이 됨을 알 수 있다. 시인에게 고향은 애틋한 기원이자 목표였던 것이다. 고향은 동일성의 무대로서 우리의 근원이 되면서, 현실적 삶에서 우리가 겪고 있는 결핍과 무의미, 소외와 고립의 삭막함에서 벗어나게 해주는 목적지가 된다. 이것을 정남순 시인은 망향시를 통해 말하고자 한 것이다. 그런 점에서 그녀가 궁리하는 평생의 그리움은 매우 웅숭깊은 의식의 지형을 갖추고 있다.

장소의 혼으로 피어나는 암벽의 상상력

정남순 시의 의식의 선을 따라가면 대부분 풍경 속으로 빠지게 된다. 실제 공간이나 장소가 중심이 된 이미지가 시의 중추를 이루고 있다. 앞의 시들에서 보이는 의식의 기반들도 이별 장소이거나 행복했던 공간들이 의미의 심층을 구성하는 것으로 작동하고 있다. 정남순 시에서 감각적 풍경들은 독특한 장소성을 드러내면서 그녀의 시적 특이성을 성취하게 한다. 그것은 그녀에게 장소야말로 자신의 정체성을 드러내는 오브제로 깊이 작용하고 있다는 말일 것이다.

장소의 제시는 그 장소가 갖는 특별한 의미, 즉 장소 정신, 장소혼 등으로 표현될 수 있는 고유하고 독자적인 의미를 본능적으로 작품에 담고 싶다는 의지의 발현이다. 특별한 장소의 발견과 사랑은 그 장소에서 자신의 정체성을 찾을 수 있고 더 나아가서는 제 존재성의 의미를 구현시킬 수 있다는 의식의 각성 때문이다. 이런 관점에서 정남순의 시를 다시 읽어보면 장소의 특성을 살리는 시가 시집 대부분을 차지하고 있음을 발견할 수 있다. 다음 시편들이 그런 예일 것이다.

> 바다에 흩어져 있는 크고 작은 선박들
> 전망대 망원경으로 한 외국선원이 보인다
> 치닫는 절벽 아래 하얀 파도는
> 부서지며 다시 파랗게 되돌아가고 있다
> 남항대교가 아치의 곡선으로 음률을 맞추고
> 더 넓은 바다 남항의 묘박지
> 뻗은 발도 보이지 않고 잠드는 선박들
> 화물선의 정수리엔 두 개의 국기가 펄럭인다
> 안내판 뒤로 자갈치 크루즈가
> 손님을 기다리고
> 자갈치 뒤 광장에 앉아 꼼장어와 소주 한잔하면
> 갈매기가 꼼장어를 낚아채던
> 자갈치에 와서
> 부산 그 태동의 중심지 남항을 만난다

―「남항 –부산항 6」 부분

가끔 해녀의 숨비소리가 들리는
해안의 산책로다
수많은 배들이 닻을 내린 연안풍경이
오래된 해수욕장의 한 시절을 떠올린다
나지막한 송림공원 벤치에 앉아
건너 혈청소로 가는 짙은 숲과
눈 아래 엎드린 거북섬을 스케치하며
떨어질 듯 출렁다리를 걷던 송도

―「송도를 걷다」 부분

이 두 편의 시를 보면 그 내용이 시인이 살고 있는 부산이라는 장소성을, 그리고 부산의 중요 지형적 특성인 해양성을 잘 담아내고 있는 것을 살필 수 있다. 「남항 –부산항 6」에서 "더 넓은 바다 남항의 묘박지"라는 표현을 중심으로 남항의 장소성은 세계로 열려있고, "자갈치 뒤 광장에 앉아 꼼장어와 소주 한잔하"는 표현을 통해서는 인간적이고 역동적인 곳이라는 점에서 "부산 그 태동의 중심지"라는 의미로 발현되고 있다. 이는 자기가 사는 터전에 대한 관심을 표하는 것으로서 장소성의 발견을 통해 제 존재의 의미를 찾는 행위로 볼 수 있다.

이 점은 「송도를 걷다」에서도 마찬가지로 나타난다. "해녀의 숨비소리가 들리는/ 해안의 산책로"의 아름다운 풍광과 "수많은 배들이 닻을 내린 연안풍경"의 개방성은 항구도시 부산의 장소성을 잘 살려주고 있는 표현이다. 이런 위상적 가치를 지닌 장소 '송도를 걷'는

다는 것은 그 장소의 아름다움과 정신을 몸에 배게 하고, 그 가치와 의미를 실현하는 존재로 자기의 삶이 펼쳐지고 있다는 말일 것이다.

실제 장소학자 에드워드 렐프는 『장소와 장소상실』이란 글에서 특별한 장소의 경험은 그 장소의 특이성으로 말미암아 그 장소에 살아가는 사람의 실존적 정체성을 형성하게 한다고 말한다. 그런 점에서 "소멸하고 탄생하는 청사포는 거대한 신당/ 명명한 진수식도 없이/ 이름을 얻어 항해하는 선박들"(「청사포」)로 표현하고 있는 해운대 청사포에 대한 의미부여나, 좀 더 포괄적인 관점에서 "아, 항구 부산/ 부국의 해양이 밤하늘에 꽃피고 있다"(「아, 항구 부산」)라는 감탄은 제가 살고 있는 부산이란 장소성에 대한 시인의 인식을 눈뜨게 하고 제 거주지에 대한 사랑을 통해 자신의 실존적 정체성을 찾기 위한 노력으로 여겨진다. 이런 노력은 본능적으로 같은 장소성의 가치와 아름다움을 가진 곳에 대한 이끌림으로 나아가게 되는데, 다음과 같은 시가 그런 의미를 잘 보여주고 있다.

암벽을 타고 내리며 내가 가야할 곳은
아슬아슬 날아온 흙에도 몸을 누이고
어디에서 온 보랏빛인지
번져 피는 꽃 뿌리가 바다를 향한다

해마다 보고 싶다 약속하지만
그 자리 그대로 수백 번을 피었다 지는,
해풍 속에 침침히 눈 어두워도
부벼서도 보아야 할 사랑이라면
더듬어 나 홀로 이 언덕에 서리

—「해국」 전문

이 시는 '해국(海菊)'이라는 식물에 자신을 의탁하여 자신이 추구하는 장소의 정체성을 보여주는 작품이다. 이 시에서 해국은 개방성과 위험성이 보존된 '바다 암벽', 또는 '바다 언덕'의 공간에서만 "그 자리 그대로 수백 번을 피었다 지는" 생리적 '약속'을 실현한다. 이는 해국의 입장에서 "나 홀로 이 언덕에 서리"라는 표현으로 볼 때 반드시 이러한 장소에서만 살거나 살겠다는 의지의 표현이고, 다른 관점으로 보면 "부벼서도 보아야 할 사랑"을 실천하겠다는 정신의 표현이다. 때문에 바닷가 암벽이나 언덕은 해국의 실존적 정체성을 보여주는 장소로 해국의 정신, 해국의 혼이 피어나는 곳으로 규정지어진다.

시인에게 이러한 해국은 자신의 화신 같은 것이어서 해국의 실존적 정체성을 발현하는 부산항, 또는 부산의 바닷가가 시인 자신에게 고유한 장소 정신, 장소 혼으로 나타나게 될 것은 분명하다. 개방되어 있고, 바다와 하늘로 무한히 열려있으며, 그러면서 푸른 물이 아래에 넘실거려 죽음과 삶이 소용돌이치는 역동적이면서 무서운 공간. 멀리 전망이 확보되면서 자칫 방심하면 존재의 죽음을 불러올지도 모르는 아찔한 '바다 암벽의 상상력'이 정남순의 특별한 장소성이자 정체성으로 등장하게 되는 것이다. 여기에 그녀 시의 특색이 자리잡는다.

자유에의 욕망과 심미적 예술혼

높은 대(臺)가 형성되어 있는 개활지의 이미지가 암벽의 상상력을 구체화하는 공간이다. 특히 바다를 낀 높은 대는 해양성을 토대로 한 지역에서는 수시로 볼 수 있는 지형이다. 부산의 해운대, 태종대, 신선대, 몰운대, 이기대 등으로 불리는 지명은 이러한 장소성의 의미를 잘 보여주는 명칭이자 그 사례로 볼 수 있다. 비록 대라는 이름이 아니라도 송도, 이송도, 하단 등에 있는 해안길, 또는 물가 기슭은 인간의 심리적 해방감과 자유의 감정을 맛보게 한다.

정남순 시인이 본능적으로 이러한 장소를 찾아가고, 그 장소성이 갖는 의미를 상징화하는 것도 모두 시인의 의식 지향, 곧 정남순 시인의 고유한 상상력의 발현 때문으로 보인다. 현실의 중압감에 벗어나 보다 자유로운 존재가 되고 싶은 욕망의 발현에 의해 이러한 장소성을 추구하게 된 것으로 보인다는 말이다. 이것을 잘 보여주는 것이 다음 시편들이다.

인디언 추장 새의 황홀한 자유를 본다.
긴 꽁지 희고 검은 대비가
색지 찢어 만든 공작시간
그 동심의 새
가을볕 속을 아장인다

훗훗 울음소리
활짝 펼치는 쥘부채
드문드문 소나무가 서 있는 개활지
짝을 따라 나는 아름다운 비행
새야 새야
순식간에 사라진 하늘에 남은

화려한 날개

—「후투티」 부분

줄지은 벚나무 사이로
가로 금을 그으며 기차가 지나간다
물비늘 세운 강물은 어디로 흘러가는지
세상에 흐르는 것은 많아 여기까지 와
풍경 속에 있다
눈부신 햇살처럼 퍼져나가는
해맑은 숨결

—「흐르는 것에게」 부분

이 두 편의 시는 해양성이라는 장소성을 구체화하지 않았지만, 해양성에 기반한 '바다 암벽'의 상상력을 펼치고 있다. 먼저 「후투티」에서 그것은 "드문드문 소나무가 서 있는 개활지"로 나타나고, 그 장소성의 재현으로 인해 "짝을 따라 나는 아름다운 비행"으로서 '후투티'라는 이름의 "인디언 추장 새의 황홀한 자유를 보"게 된다. 여기서 중요한 것은 자유로운 존재로서 '후투티'와 그것을 갈망하는 존재로서 시적 화자의 위치다. 초월과 현실, 또는 비상과 꿈틀거림. 대립적 관점에서 시적 화자는 지상의 현실적 중압감과 나약함을 벗고 후투티와 같은 천상의 자유로운 존재가 되고 싶어 한다. 욕망의 발산과 의지가 암벽의 상상력을 부르고, 그 절벽에서 자유로운 존재, '후투티'라는 정령을 소환한다. 여기서 시는 억압된 욕망을 대리 해소하는 이미지가 된다. 다른 시에서 시인은 "바다를 차고 나르는 유희/ 허위허위 바닷새의 자유"(「가덕도 일기」)라고 표현하고 있는 것을 두고 볼 때, 후투티 역시 자유로운 활강을 보여주는 바닷새의 한 형상이다.

이러한 이미지의 작용은「흐르는 것에게」서도 마찬가지다. 이 시에서도 시적 화자는 “줄지은 벚나무 사이로/ 가로 금을 그으며 기차가 지나가”는 것을 볼 수 있고, “물비늘 세운 강물은 어디로 흘러가는지”를 볼 수 있는 강가 둔덕이나 기슭 정도에 서 있는 것으로 볼 수 있다. 다시 말해 물을 눈 아래 두고 상당히 앞의 전망이 개방된 개활지의 감각을 이 시도 주고 있는 것이다. 문제는 그 장소가 “세상에 흐르는 것은 많아 여기까지 와/ 풍경 속에 있”으면서 “눈부신 햇살처럼 퍼져나가는/ 해맑은 숨결”을 느끼게 한다는 점이다. 곧 강물의 유유한 흐름이 햇빛에 빛나면서, 어쩌면 윤슬로 반짝이면서, 시적 화자에게 ‘해맑은 숨결’, 곧 청신한 해방감을 주고 있다는 점이다. 이 풍경이 주는 아름다움과 가치는 바로 후투티와 같은 심미적 해방감 내지 초월감에 들어있다. 실제 흐르는 것은 매이지 않고, 한계를 만들지 않아 자유의 화신이라 할 수 있다. 그 자유의 화신이 아름다운 햇빛의 후광을 받은 채 유유자적하게 흘러가고 있다면 어떤 사람인들 그 풍경 속에서 시원함을 느끼지 않겠는가!

이러한 자유의 추구는 아름다운 풍경과 더불어 나타나는 것이기에 시인이 줄곧 추구했던 ‘평생의 그리움’의 의미와 닿아 있는 것으로 보인다. 그렇기에 시인으로서의 자의식은 자유에 대한 갈망을 평생의 그리움으로 표현하게 되기도 한다. 이것은 결국 현실 초월의 예술혼으로 자신의 욕망이 귀착된다는 사실을 깨닫는 계기로 작용한다. 다음 시편이 이를 잘 보여준다.

누군가 기다릴 것 같은
언덕의 바람 부는 소나무 아래
간간히 들려오는 오래된 이야기

섣달 보름 크기도 한 달이 늘어뜨린 가지 사이
은빛의 명암을 넣는 밤
바스락거려 놀라 만져보는
달의 투명한 살갗
갯바람 속에 수없이 들려오는
사람, 사람의 맑은 영혼이 왔다가는
발자국 소리

―「은빛 명암을 넣는 밤 ―기장 죽성리 2」 부분

이 시의 중요한 내용은 기장 죽성으로 유배되어 온 윤선도의 영혼이 그곳을 방문한 시적 화자에게 "사람, 사람의 맑은 영혼이 왔다가는/ 발자국 소리"로 여겨진다는 사실의 표현이다. 이는 윤선도의 아름다운 시혼에 시적 화자의 영혼 또한 접신되어 승화되어 간다는 내용의 표현이다. 이는 이와 관련된 시에서 "달이 뜨면 그대여/ 시문을 주고받아 시첩으로 엮어볼까/ 정상은 넓어 띄엄띄엄 소나무도 있어서/ 황학처럼 춤추다 하늘에 오르자"(「고산 윤선도를 그리며 ―기장 죽성리1」)라고 말한 데서도 알 수 있다. '시문을 주고 받아' 자유롭고 맑은 영혼이 되어 "황학처럼 춤추다 하늘에 오르"고 싶다는 표현은 선경(仙境)을 향한 현실 초월에의 욕망이자 아름다운 시혼으로 피어나고 싶다는 욕망의 표현일 것이다. 이때 시는 아름다운 예술혼으로 시적 화자를 구원하는 '비상의 날개'임을 넉넉히 짐작할 수 있다.

그렇게 본다면 정남순 시인이 추구하는 '평생의 그리움'은 아름다운 예술혼으로 자신의 존재와 삶을 승화시켜 '천상'으로 대표되는 이상향에 가닿고 싶은 바람이라고 정의해 볼 수 있다. 그녀의 시 중 고향을 비롯해 아름다운 풍경의 장소성을 제시하고 있는 것은 동일성의 고향이라고 부를 수 있는 이상향, 즉 선경에 대한 그리움의 표현이다. 그런 관점에 이르게 되었을 때, 우리는 정남순 시를 이해하는 하나의 중심부에 이르게 되었음을 느낄 수 있다. 하여 정남순 시의 핵심을 '장소에 대한 사랑으로 피어나는 시혼의 일렁임'이라 부를 수 있지 않을까? 참으로 인간존재의 본질적 갈망을 아름답고 숭고한 파노라마 심상으로 펼쳐 보인 시 세계라 하겠다.

아버지와 함마슐드

인쇄일 2024년 9월 25일
발행일 2024년 10월 1일

지은이 정남순
펴낸이 박철수
펴낸곳 도서출판 해암

등록번호 제325-2001-000007호
주소 부산시 중구 대청로 138번길 9 (대원빌딩 302호)
전화 051)254-2260
팩스 051)246-1895
메일 haeambook@daum.net

ISBN 978-89-6649-253-4 03810

값 15,000원

부산문화재단
BUSAN CULTURAL FOUNDATION

* 본 사업은 2024년 부산광역시 부산문화재단 (부산문화예술지원사업)으로 지원을 받았습니다.